Solomon Schechter Day Schools
מתו"ק
Bible Curriculum

מתו"ק – מיזם תנכ"י קונסרבטיבי

CET
Learning
Environments

פָּרָשַׁת לֶךְ-לְךָ

Student Workbook

Schechter
DAY SCHOOL NETWORK
Engage the World

MaToK: The Bible Curriculum Project of the Solomon Schechter Day Schools

A joint project of
United Synagogue of Conservative Judaism and
The Jewish Theological Seminary of America

MaToK is made possible by a generous grant from the
Jim Joseph Foundation.

Project Directors

Dr. Robert Abramson, *Director (1998–2010)*
Department of Education, United Synagogue of Conservative Judaism

Dr. Steven M. Brown, *Director (1998–2008)*
Dr. Barry Holtz, *Director (2008–)*
Melton Research Center for Jewish Education
The Jewish Theological Seminary of America

Dr. Deborah Uchill Miller, *Project Director and Editor (1998–2010)*
Galya Pinsky Greenberg, *Project Director and Editor (2011–)*

Edited and Produced by CET-LE Team

Project Director and Pedagogical Editor: Zohar Harkov
Linguistic Editor: Shoshi Miran

Graphic Designer: Yael Rimon
Illustrations: Udi Taub, Studio Aesthetics
Photo Research and Copyright Permissions: Dvora Gruda

Production: Bilha Shamir
Publishing Coordinator: Gadi Nachmias

CET-LE Learning Environments, for the home (2002) Ltd., 16 Klausner St.
P.O.B. 39513, Tel-Aviv 61394, Israel
Tel. 972-3-6460165, http://www.cet.ac.il

All correspondence and inquiries should be directed to the Department, of Education, United Synagogue of Conservative Judaism, 820 Second Avenue, 10th Floor, New York, NY 10017

ISBN: 978-0-9834535-1-2

Printed in the United States of America

MaToK Deliberation Team

We gratefully acknowledge the guidance of:

Charlotte Abramson, Solomon Schechter Day School of Essex and Union
Dr. Bonnie Botel-Sheppard, Penn-Literacy Network
Rabbi Neil Gillman, The Jewish Theological Seminary of America
Charlotte Glass, Solomon Schechter Day Schools of Chicago
Dr. Tikva Frymer-Kensky, University of Chicago
Dr. Kathryn Hirsh-Pasek, Temple University
Dr. Steven Lorch, Solomon Schechter Day School of Manhattan
Dr. Ora Horn Prouser, Academy for Jewish Religion, New York
Rabbi Benjamin Scolnic, Temple Beth Sholom, Hamden, CT

Curriculum Writers

Marcia Lapidus Kaunfer, *Head Writer*

Charlotte Abramson
Gila Azrad
Rabbi Greta Brown
Mimi Brandwein
Heather Fiedler
Rebecca Friedman
Orly Gonen
Rabbi Pamela Gottfried
Penina Grossberg

Sally Hendelman
Rabbi Brad Horwitz
Rabbi Elana Kanter
Naamit Kurshan
Dr. Deborah Uchill Miller
Ellen Rank
Ami Sabari
Rabbi Jon Spira-Savett
Miriam Taub

Laura Wiseman

English Edition

Rabbi Gary Karlin, *Editor*
Nancy Rosen, *Translator*
Rabbi Miles B. Cohen, *Compositor*

Artwork

Experimental edition
Arielle Miller-Timen, Karen Ostrove

Translation

Michele Alperin, Mira Bashan, Dahlia Helfgott-Hai, Hannah Livneh, Micki Targum

We wish to thank the following for permission to reprint:

DavkaWriter: Images of Israel © 2001
Elias Persky, Ḥaver Latorah © 1964 Ktav Publishing
Simkha Weintraub, *Five Easy Steps to "Cracking" Almost Any Rashi*

Contents

פָּרָשַׁת לֶךְ-לְךָ

אַבְרָם and His Family

פֶּרֶק יא פְּסוּקִים ל-לא

ל וַתְּהִי שָׂרַי עֲקָרָה,
אֵין לָהּ וָלָד.

לא וַיִּקַּח תֶּרַח אֶת־אַבְרָם בְּנוֹ
וְאֶת־לוֹט בֶּן־הָרָן בֶּן־בְּנוֹ
וְאֵת שָׂרַי כַּלָּתוֹ אֵשֶׁת אַבְרָם בְּנוֹ,
וַיֵּצְאוּ אִתָּם מֵאוּר כַּשְׂדִּים
לָלֶכֶת אַרְצָה כְּנַעַן
וַיָּבֹאוּ עַד־חָרָן
וַיֵּשְׁבוּ שָׁם.

How are these people related? ◼

תֶּרַח הוּא אַבָּא שֶׁל _____ , _____ וְ _____ .

אַבְרָם הוּא הַבַּעַל (husband) שֶׁל _____ .

הָרָן הוּא אַבָּא שֶׁל _____ .

שָׂרַי הִיא הָאִשָּׁה (wife) שֶׁל _____ .

אַבְרָם and His Family Leave Their Home

פֶּרֶק יא פְּסוּקִים ל-לא

ל וַתְּהִי שָׂרַי עֲקָרָה,[1]
אֵין לָהּ וָלָד.[2]

לא וַיִּקַּח[3] תֶּרַח אֶת־אַבְרָם בְּנוֹ
וְאֶת־לוֹט בֶּן־הָרָן בֶּן־בְּנוֹ
וְאֵת שָׂרַי כַּלָּתוֹ אֵשֶׁת אַבְרָם בְּנוֹ,
וַיֵּצְאוּ[4] אִתָּם מֵאוּר כַּשְׂדִּים
לָלֶכֶת אַרְצָה[5] כְּנַעַן
וַיָּבֹאוּ[6] עַד־חָרָן
וַיֵּשְׁבוּ[7] שָׁם.

1 **עֲקָרָה** אִשָּׁה שֶׁאֵינָהּ יְכוֹלָה לָלֶדֶת — a woman who cannot have children

2 **וָלָד** יֶלֶד אוֹ יַלְדָּה — child

3 **וַיִּקַּח** (ל-ק-ח) הוּא לָקַח — he took

4 **וַיֵּצְאוּ** (י-צ-א) הֵם יָצְאוּ — they went out, they left

5 **אַרְצָה** אֶל הָאָרֶץ — to the land

6 **וַיָּבֹאוּ** (ב-ו-א) הֵם בָּאוּ — they arrived

7 **וַיֵּשְׁבוּ** (י-ש-ב) הֵם יָשְׁבוּ

וַיֵּשְׁבוּ שָׁם — they stayed (settled) there

לִקְרֹא... לִמְצֹא... לְהַשְׁלִים... פְּסוּקִים ל–לא
(read) (find) (complete)

הַשְׁלִימוּ – **Fill in** the blanks in Hebrew:

1 שָׂרַי was the ___________ of אַבְרָם.

שָׂרַי was not able to have children.
Write בִּלְשׁוֹן הַתּוֹרָה the words that say this:

"אֵין ________ ________."

2 תֶּרַח took his family with him. He took

________________, and ________________, and ________________.

They left from ________________ and arrived at ________________. They settled there.

פָּרָשַׁת לֶךְ-לְךָ

פֶּרֶק יב   פְּסוּקִים א-ז

א   וַיֹּאמֶר ה' אֶל-אַבְרָם:
"לֶךְ-לְךָ
מֵאַרְצְךָ
וּמִמּוֹלַדְתְּךָ
וּמִבֵּית אָבִיךָ,
אֶל-הָאָרֶץ אֲשֶׁר אַרְאֶךָּ.

ב   וְאֶעֶשְׂךָ לְגוֹי גָּדוֹל
וַאֲבָרֶכְךָ
וַאֲגַדְּלָה שְׁמֶךָ,
וֶהְיֵה בְּרָכָה.

ג   וַאֲבָרְכָה מְבָרְכֶיךָ
וּמְקַלֶּלְךָ אָאֹר,
וְנִבְרְכוּ בְךָ כֹּל מִשְׁפְּחֹת הָאֲדָמָה."

ד וַיֵּלֶךְ אַבְרָם כַּאֲשֶׁר דִּבֶּר אֵלָיו ה'
וַיֵּלֶךְ אִתּוֹ לוֹט,
וְאַבְרָם בֶּן־חָמֵשׁ שָׁנִים וְשִׁבְעִים שָׁנָה בְּצֵאתוֹ מֵחָרָן.

ה וַיִּקַּח אַבְרָם אֶת־שָׂרַי אִשְׁתּוֹ
וְאֶת־לוֹט בֶּן־אָחִיו
וְאֶת־כָּל־רְכוּשָׁם אֲשֶׁר רָכָשׁוּ
וְאֶת־הַנֶּפֶשׁ אֲשֶׁר־עָשׂוּ בְחָרָן,
וַיֵּצְאוּ לָלֶכֶת אַרְצָה כְּנַעַן
וַיָּבֹאוּ אַרְצָה כְּנָעַן.

ו וַיַּעֲבֹר אַבְרָם בָּאָרֶץ
עַד מְקוֹם שְׁכֶם
עַד אֵלוֹן מוֹרֶה,
וְהַכְּנַעֲנִי אָז בָּאָרֶץ.

ז וַיֵּרָא ה' אֶל־אַבְרָם
וַיֹּאמֶר:
"לְזַרְעֲךָ אֶתֵּן אֶת־הָאָרֶץ הַזֹּאת,"
וַיִּבֶן שָׁם מִזְבֵּחַ לַה' הַנִּרְאֶה אֵלָיו.

God Commands אַבְרָם to Leave His Home

פֶּרֶק יב פָּסוּק א

א וַיֹּאמֶר ה' אֶל-אַבְרָם:
"לֶךְ-לְךָ[1]
מֵאַרְצְךָ[2]
וּמִמּוֹלַדְתְּךָ[3]
וּמִבֵּית אָבִיךָ,[4]
אֶל-הָאָרֶץ אֲשֶׁר אַרְאֶךָּ.[5]"

1 **לֶךְ-לְךָ** צֵא, עֲזֹב go! (leave!)

2 **מֵאַרְצְךָ** מִן הָאָרֶץ שֶׁלְּךָ from your land

3 **מִמּוֹלַדְתְּךָ** (י-ל-ד) מִן הַמּוֹלֶדֶת שֶׁלְּךָ
מִבְּנֵי הַמִּשְׁפָּחָה שֶׁלְּךָ
from the members of your family,
also וְגַם
מֵהָאָרֶץ שֶׁנּוֹלַדְתָּ בָּהּ
from the land in which you were born

4 **מִבֵּית אָבִיךָ** מִן הַבַּיִת שֶׁל אַבָּא שֶׁלְּךָ
from your father's house.

5 **אַרְאֶךָּ** (ר-א-ה) אַרְאֶה לְךָ I will show you

לִקְרֹא... לִמְצֹא... לְהַשְׁלִים... פָּסוּק א	(read) (find) (complete)

הַשְׁלִימוּ – Fill in the blanks in Hebrew:

1 God commands אַבְרָם to leave his land.
God tells him this in two words:

"__________ __________" (פָּסוּק א)

2 God tells אַבְרָם: You must go . . .

מֵ__________

וּמִ__________

וּמִ__________ __________" (פָּסוּק א)

3 In the words מֵאַרְצְךָ וּמִמּוֹלַדְתְּךָ וּמִבֵּית אָבִיךָ

you can find the words אֶרֶץ מוֹלֶדֶת בֵּית אָב

Find these words in the text and **highlight** them in צָהֹב.

4 Complete, בִּלְשׁוֹן הַתּוֹרָה:
God commands אַבְרָם to go . . .

"אֶל __________ __________ __________" (פָּסוּק א)

13

5 Do you think that אַבְרָם will go? Will he leave his home? **Choose:**

Yes, he will go because _____.

No, he will not go because _____.

6 If someone told you to leave the place where you live,
what would be especially difficult for you to leave behind?
Check ✓ the choices that apply to you:

☐ your land

☐ your city

☐ your family

☐ your home

☐ your friends

☐ your _____

7 הַשְׁלִימוּ — **Fill in** the blanks:

The hardest thing for me to leave would be my _____

because _____

_____.

8 What do **you** think?

אַבְרָם is thinking about . . .

What does אַבְרָם know about הָאָרֶץ?

אַבְרָם God Blesses
פֶּרֶק יב פְּסוּקִים ב-ג

ב	״וְאֶעֶשְׂךָ[1] לְגוֹי[2] גָּדוֹל
	וַאֲבָרֶכְךָ[3]
	וַאֲגַדְּלָה שְׁמֶךָ,[4]
	וֶהְיֵה בְּרָכָה.[5]
ג	וַאֲבָרְכָה מְבָרְכֶיךָ[6]
	וּמְקַלֶּלְךָ אָאֹר,[7]
	וְנִבְרְכוּ בְךָ[8]
	כֹּל מִשְׁפְּחֹת הָאֲדָמָה.[9]״

[1] וְאֶעֶשְׂךָ (ע-שׂ-ה) אֶעֱשֶׂה אוֹתְךָ I will make you

[2] גּוֹי גָּדוֹל עַם גָּדוֹל a great nation

[3] וַאֲבָרֶכְךָ (ב-ר-כ) אֲבָרֵךְ אוֹתְךָ I will bless you

[4] וַאֲגַדְּלָה שְׁמֶךָ אֶעֱשֶׂה אוֹתְךָ חָשׁוּב וּמְפֻרְסָם I will make you famous

[5] וֶהְיֵה בְּרָכָה תִּהְיֶה בְּרָכָה you shall be a blessing

[6] וַאֲבָרְכָה מְבָרְכֶיךָ (ב-ר-כ) אֲבָרֵךְ אֶת מִי שֶׁיְּבָרֵךְ אוֹתְךָ I will bless those who bless you

[7] וּמְקַלֶּלְךָ אָאֹר (ק-ל-ל) אֲקַלֵּל אֶת מִי שֶׁיְּקַלֵּל אוֹתְךָ I will curse those who curse you

אָאֹר אֲקַלֵּל I will curse

[8] וְנִבְרְכוּ בְךָ (ב-ר-כ) בִּגְלָלְךָ יְבָרְכוּ אוֹתָם they will be blessed because of you

[9] מִשְׁפְּחֹת הָאֲדָמָה כָּל הָעַמִּים בָּעוֹלָם all the nations

לִקְרֹא... לִמְצֹא... לְהַשְׁלִים... פְּסוּקִים ב–ג
(read) (find) (complete)

1 **Highlight** in צָהֹב the words in פְּסוּקִים ב–ג with the שֹׁרֶשׁ of **ב-ר-כ**.

2 Who is God blessing in each בְּרָכָה?

וְאֶעֶשְׂךָ לְגוֹי גָּדוֹל	Who will be a great nation?	אַבְרָם
וַאֲבָרֶכְךָ	Who will be blessed?	
וַאֲגַדְּלָה שְׁמֶךָ	Who will have a great (blessed) name?	
וֶהְיֵה בְּרָכָה	Who will be a blessing?	
וַאֲבָרְכָה מְבָרֲכֶיךָ	Who will be blessed?	
וְנִבְרְכוּ בְךָ כֹּל מִשְׁפְּחֹת הָאֲדָמָה	Who will be blessed?	

3 Many words in this פֶּרֶק end with ךָ. Write these words בִּלְשׁוֹנֵנוּ:

אַרְאֶךָּ	אֲנִי אַרְאֶה לְךָ
אֶעֶשְׂךָ	אֲנִי אֶ______ אוֹתְךָ
אֲבָרֶכְךָ	אֲנִי אֲ______ אוֹתְךָ
מוֹלַדְתְּךָ	הַ______ שֶׁלְּךָ
מְבָרֲכֶיךָ	מִי שֶׁ______ אוֹתְךָ
שְׁמֶךָ (שִׁמְךָ)	הַ______ שֶׁלְּךָ

Think:
What can we learn about God from the words that end with ךָ?

לַחְשֹׁב... לְהָבִין... לְהַרְגִּישׁ... פְּסוּקִים ב–ג
(think) (understand) (feel)

4 God blesses אַבְרָם and makes promises to him.
Draw a line from the פָּסוּק to its meaning:

- וּמְקַלֶּלְךָ אָאֹר
- וְנִבְרְכוּ בְךָ כֹּל מִשְׁפְּחֹת הָאֲדָמָה
- וְאֶעֶשְׂךָ לְגוֹי גָּדוֹל
- וַאֲבָרֶכְךָ
- וַאֲגַדְּלָה שְׁמֶךָ
- וֶהְיֵה בְּרָכָה

- אֲנִי אֶעֱשֶׂה אוֹתְךָ לְעַם גָּדוֹל.
- אַתָּה תִּהְיֶה מְבֹרָךְ.
- יְבֹרְכוּ כָּל הָעַמִּים בָּעוֹלָם.
- אֲנִי אֶעֱשֶׂה אוֹתְךָ חָשׁוּב וּמְפֻרְסָם.
- אֲקַלֵּל אֶת מִי שֶׁיְּקַלֵּל אוֹתְךָ.
- אֲנִי אֲבָרֵךְ אוֹתְךָ.

5 **הַשְׁלִימוּ – Fill in** the blanks:

אוּר כַּשְׂדִּים
ה'
כְּנַעַן
אַבְרָם
בְּרָכוֹת

__________ מְצַוֶּה עַל __________

לָלֶכֶת מֵ__________ __________

אֶל אֶרֶץ __________. ה' מְבָרֵךְ אֶת אַבְרָם __________.

6 God blesses אַבְרָם with several בְּרָכוֹת.
Write your own בְּרָכוֹת for אַבְרָם, and **illustrate** them.

אֲנִי מְבָרֵךְ אֶת אַבְרָם...

אֲנִי מְבָרֵךְ אֶת אַבְרָם...

אֲנִי מְבָרֵךְ אֶת אַבְרָם...

אֶרֶץ כְּנַעַן Goes To אַבְרָם
פֶּרֶק יב פְּסוּקִים ד-ה

ד וַיֵּלֶךְ אַבְרָם כַּאֲשֶׁר דִּבֶּר אֵלָיו ה',

וַיֵּלֶךְ אִתּוֹ לוֹט,

וְאַבְרָם בֶּן־חָמֵשׁ שָׁנִים וְשִׁבְעִים שָׁנָה בְּצֵאתוֹ מֵחָרָן.

ה וַיִּקַּח אַבְרָם אֶת־שָׂרַי אִשְׁתּוֹ

וְאֶת־לוֹט בֶּן־אָחִיו

וְאֶת־כָּל־רְכוּשָׁם¹ אֲשֶׁר רָכָשׁוּ

וְאֶת־הַנֶּפֶשׁ² אֲשֶׁר־עָשׂוּ בְחָרָן,

וַיֵּצְאוּ לָלֶכֶת אַרְצָה כְּנַעַן³

וַיָּבֹאוּ אַרְצָה כְּנָעַן.

¹ רְכוּשָׁם הָרְכוּשׁ שֶׁלָּהֶם
(כְּבָשִׂים, גְּמַלִּים, כֶּסֶף וְזָהָב)
their property (sheep, camels,
silver, and gold)

² הַנֶּפֶשׁ הָעֲבָדִים the servants

³ אַרְצָה כְּנַעַן אֶל אֶרֶץ כְּנַעַן
to the land of Canaan

לִקְרֹא... לִמְצֹא... לְהַשְׁלִים... פְּסוּקִים ד–ה
(read) (find) (complete)

1 In פְּסוּקִים ד–ה **highlight**:
- in יָרֹק — the names of people.
- in כָּחֹל — actions that אַבְרָם does.
- in וָרֹד — the names of places.

2 אַבְרָם is going to אֶרֶץ כְּנַעַן. He is ______ years old.

3 הַשְׁלִימוּ — **Fill in** the blanks:

וַיֵּלֶךְ	הוא	הָלַךְ:
וַיִּקַּח	______	______
וַיֵּצְאוּ	______	______
וַיָּבֹאוּ	______	______

לַחְשֹׁב... לְהָבִין... לְהַרְגִּישׁ... פְּסוּקִים ד–ה
(feel)   (understand)   (think)

4 What is the reaction of אַבְרָם to God's words? What does he do?

_____

5 If you were אַבְרָם, what would you have asked God?

My question is: _____?

6 אַבְרָם does what God commands him because אַבְרָם_____

_____ .

7 Why does אַבְרָם take לוֹט with him?

_____

_____

8 הַשְׁלִימוּ — **Fill in** the blanks:

עִם אַבְרָם הוֹלְכִים: אִשְׁתּוֹ _____ וּבֶן אָחִיו _____ .

אַבְרָם לוֹקֵחַ אִתּוֹ אֶת _____

וְאֶת _____ .

הֵם יוֹצְאִים מֵ_____

וְהוֹלְכִים אֶל _____ _____ .

- לוֹט
- הָעֲבָדִים
- הָרְכוּשׁ
- אֶרֶץ כְּנַעַן
- חָרָן
- שָׂרַי

9 **Write** a story or **draw** a picture:

"אַבְרָם, שָׂרַי וְלוֹט הוֹלְכִים לְאֶרֶץ כְּנַעַן"

_____

_____

_____

_____

_____

אֲבְרָם Arrives at אֶרֶץ כְּנַעַן
פֶּרֶק יב פְּסוּקִים ו–ז

ו וַיַּעֲבֹר[1] אַבְרָם בָּאָרֶץ
עַד מְקוֹם שְׁכֶם
עַד אֵלוֹן מוֹרֶה,
וְהַכְּנַעֲנִי אָז בָּאָרֶץ.

ז וַיֵּרָא[2] ה' אֶל־אַבְרָם
וַיֹּאמֶר:
"לְזַרְעֲךָ[3] אֶתֵּן אֶת־הָאָרֶץ הַזֹּאת,"
וַיִּבֶן[4] שָׁם מִזְבֵּחַ[5] לַה' הַנִּרְאֶה[6] אֵלָיו.

1 וַיַּעֲבֹר (ע-ב-ר) הוּא עָבַר passed through
2 וַיֵּרָא (ר-א-ה) הוּא נִרְאָה appeared
3 לְזַרְעֲךָ לַזֶּרַע שֶׁלְּךָ to your descendents
לַבָּנִים שֶׁלְּךָ to your children
4 וַיִּבֶן (ב-נ-ה) הוּא בָּנָה he built
5 מִזְבֵּחַ altar
6 הַנִּרְאֶה (ר-א-ה) who appeared

© Stapleton Collection, UK/Bridgeman Art Library

A drawing of the city of שְׁכֶם 150 years ago. The illustrator is David Roberts.

לִקְרֹא... לִמְצֹא... לְהַשְׁלִים... פְּסוּקִים ו–ז

(read) (find) (complete)

1 What are the two places that אַבְרָם goes to in אֶרֶץ כְּנַעַן?

אַבְרָם הוֹלֵךְ לְ__________ וּלְ__________ __________.

2 What is the name of the nation living in אֶרֶץ כְּנַעַן?

בְּאֶרֶץ כְּנַעַן יוֹשֵׁב "הַ__________".

אִישׁ כְּנַעֲנִי
A drawing from ancient Egypt

3 Which בְּרָכָה does God give to אַבְרָם?
Write your answer בִּלְשׁוֹן הַתּוֹרָה:

"__________ __________

__________–__________ __________"

4 Is this a new בְּרָכָה? Circle the correct answer.

כֵּן לֹא

5 God appeared to אַבְרָם. What does אַבְרָם build in order to honor God?

____

6 What is the name of הָאָרֶץ הַזֹּאת (this land)?

בִּלְשׁוֹן הַתּוֹרָה: __________________________

Today: __________________________

© זאב רדובן, ירושלים

An ancient altar

25

לַחְשֹׁב... לְהָבִין... לְהַרְגִּיש... פְּסוּקִים ו–ז
      (feel)   (understand)   (think)

7 In פָּסוּק ו it is written:

וְהַכְּנַעֲנִי אָז בָּאָרֶץ

It is important to say that the כְּנַעֲנִים were living in הָאָרֶץ because

_____

_____ .

8 In פָּסוּק ז it is written that God appeared to אַבְרָם. What does אַבְרָם feel?

Draw the face of אַבְרָם after God appeared to him.

בְּרֵאשִׁית לֶךְ לְךָ פֶּרֶק יב

26

פעולות לָשון

לִקְרֹא שׁוּב . . . לְסַכֵּם . . . פְּסוּקִים א–ז
(read again) (summarize)

1 **Complete:**

בִּלְשׁוֹן הַתּוֹרָה	בִּלְשׁוֹנֵנוּ	
וַיֵּלֶךְ		הָלַךְ
	הוּא	לָקַח
	הֵם	יָצְאוּ
וַיָּבֹאוּ		
		עָבַר
		בָּנָה

2 **Complete** in Hebrew according to פְּסוּקִים ד–ז:

אַבְרָם הָלַךְ מֵ__________.

הוּא לָקַח אֶת __________ וְאֶת __________

וְהֵם יָצְאוּ לְ__________ __________.

הֵם בָּאוּ לְ__________ וּלְ__________.

אַבְרָם בָּנָה __________.

3 On page 29, you will find sentences from the story that you are learning.
The sentences are not arranged in the correct order.
Please **cut** them out, and then **glue** them on this page in the correct order.

1

2

3

4

5

6

7

What picture did you create? _____

ה׳ מַבְטִיחַ לְאַבְרָם שֶׁיִּהְיוּ לוֹ בָּנִים.

אַבְרָם עוֹבֵר בָּאָרֶץ וְהוֹלֵךְ עַד שְׁכֶם וְעַד אֵלוֹן מוֹרֶה.

הֵם יוֹצְאִים לְאֶרֶץ כְּנַעַן.

ה׳ מְצַוֶּה עַל אַבְרָם לַעֲזֹב אֶת הָאָרֶץ שֶׁנּוֹלַד בָּהּ וְלָלֶכֶת לְאֶרֶץ חֲדָשָׁה.

ה׳ נִרְאֶה אֶל אַבְרָם וּמַבְטִיחַ לָתֵת לְזַרְעוֹ אֶת הָאָרֶץ.

אַבְרָם לוֹקֵחַ אֶת שָׂרַי, אֶת לוֹט, אֶת הָעֲבָדִים וְאֶת הָרְכוּשׁ.

אַבְרָם בּוֹנֶה מִזְבֵּחַ לַה׳.

4 **Color** the two parts of the same פָּסוּק with the same color.

וַיִּקַּח אַבְרָם
אֶת־שָׂרַי אִשְׁתּוֹ
וְאֶת־לוֹט
בֶּן־אָחִיו

וַאֲגַדְּלָה שְׁמֶךָ
וֶהְיֵה בְּרָכָה

אֶל־הָאָרֶץ
אֲשֶׁר אַרְאֶךָּ

...לֶךְ־לְךָ מֵאַרְצְךָ
וּמִמּוֹלַדְתְּךָ
וּמִבֵּית אָבִיךָ

וַאֲבָרְכָה מְבָרְכֶיךָ

וְאֶעֶשְׂךָ לְגוֹי גָּדוֹל
וַאֲבָרֶכְךָ

וְאֶת־כָּל־רְכוּשָׁם
אֲשֶׁר רָכָשׁוּ
וְאֶת־הַנֶּפֶשׁ ...

וּמְקַלֶּלְךָ אָאֹר

5 If you could meet אַבְרָם, שָׂרַי, or לוֹט, what would you ask them?

A question for אַבְרָם: _____

A question for שָׂרַי: _____

A question for לוֹט: _____

6 The story of "לֶךְ־לְךָ" is a story about God and אַבְרָם.
When I studied this story, I thought and felt all sorts of things.

I understood that . . .

_____
_____
_____

I was angry about . . .

_____
_____
_____

I liked that . . .

_____
_____
_____

I was afraid that . . .

_____
_____
_____

I wanted to know more about . . .

_____
_____

I wanted to ask . . .

_____
_____
_____

What do your parents think?

Dear Parents,

We have just learned that God commanded Avram to leave his country, family, friends, and his father's home, to go to a land that God would show him and where God would bless him. Avram took his wife Sarai, his nephew Lot, and all his possessions, and they set out for the land of Canaan.

We can imagine how we would feel if we had to leave our school and go to a new one where we didn't know anybody. We can also imagine how Avram, Sarai, and Lot felt as they went on their way to an unknown place.

Please share your feelings with us. If you were born in another country and came to live here, what was the hardest thing for you to leave behind: your country, your family and friends, or your parents? What were your fears, coming to a new place?

If you were born in this country, please share what you think would be the hardest to leave behind.

We will read your comments to the class tomorrow. Thank you for your cooperation.

Parent signature: _____

Student signature: _____

פָּרָשַׁת לֶךְ־לְךָ

פֶּרֶק טו פְּסוּקִים א–ח, יב–טז, יח

א   אַחַר הַדְּבָרִים הָאֵלֶּה,

הָיָה דְבַר ה' אֶל־אַבְרָם בַּמַּחֲזֶה לֵאמֹר:

"אַל־תִּירָא אַבְרָם

אָנֹכִי מָגֵן לָךְ

שְׂכָרְךָ הַרְבֵּה מְאֹד."

ב   וַיֹּאמֶר אַבְרָם:

"ה' אֱ‑לֹהִים

מַה־תִּתֶּן־לִי

וְאָנֹכִי הוֹלֵךְ עֲרִירִי,

וּבֶן־מֶשֶׁק בֵּיתִי הוּא דַּמֶּשֶׂק אֱלִיעֶזֶר."

ג   וַיֹּאמֶר אַבְרָם:

"הֵן לִי לֹא נָתַתָּה זָרַע,

וְהִנֵּה בֶן־בֵּיתִי יוֹרֵשׁ אֹתִי."

ד   וְהִנֵּה דְבַר ה' אֵלָיו לֵאמֹר:

"לֹא יִירָשְׁךָ זֶה,

כִּי־אִם אֲשֶׁר יֵצֵא מִמֵּעֶיךָ הוּא יִירָשֶׁךָ."

ה   וַיּוֹצֵא אֹתוֹ הַחוּצָה וַיֹּאמֶר:

"הַבֶּט־נָא הַשָּׁמַיְמָה וּסְפֹר הַכּוֹכָבִים

אִם־תּוּכַל לִסְפֹּר אֹתָם."

וַיֹּאמֶר לוֹ: "כֹּה יִהְיֶה זַרְעֶךָ."

ו   וְהֶאֱמִן בַּה', וַיַּחְשְׁבֶהָ לּוֹ צְדָקָה.

ז   וַיֹּאמֶר אֵלָיו:

"אֲנִי ה' אֲשֶׁר הוֹצֵאתִיךָ מֵאוּר כַּשְׂדִּים

לָתֶת לְךָ אֶת־הָאָרֶץ הַזֹּאת, לְרִשְׁתָּהּ."

ח   וַיֹּאמַר:

"ה' אֱ־לֹהִים

בַּמָּה אֵדַע כִּי אִירָשֶׁנָּה?"

ט   וַיֹּאמֶר אֵלָיו: "קְחָה לִי עֶגְלָה מְשֻׁלֶּשֶׁת
וְעֵז מְשֻׁלֶּשֶׁת וְאַיִל מְשֻׁלָּשׁ וְתֹר וְגוֹזָל."

י   וַיִּקַּח־לוֹ אֶת־כָּל־אֵלֶּה

וַיְבַתֵּר אֹתָם בַּתָּוֶךְ

וַיִּתֵּן אִישׁ־בִּתְרוֹ לִקְרַאת רֵעֵהוּ,

וְאֶת־הַצִּפֹּר לֹא בָתָר.

יא   וַיֵּרֶד הָעַיִט עַל־הַפְּגָרִים,

וַיַּשֵּׁב אֹתָם אַבְרָם.

יב   וַיְהִי הַשֶּׁמֶשׁ לָבוֹא

וְתַרְדֵּמָה נָפְלָה עַל־אַבְרָם,

וְהִנֵּה אֵימָה חֲשֵׁכָה גְדֹלָה נֹפֶלֶת עָלָיו.

יג   וַיֹּאמֶר לְאַבְרָם:

"יָדֹעַ תֵּדַע כִּי־גֵר יִהְיֶה זַרְעֲךָ בְּאֶרֶץ לֹא לָהֶם

וַעֲבָדוּם וְעִנּוּ אֹתָם, אַרְבַּע מֵאוֹת שָׁנָה.

יד   וְגַם אֶת־הַגּוֹי אֲשֶׁר יַעֲבֹדוּ דָּן אָנֹכִי,

וְאַחֲרֵי־כֵן יֵצְאוּ בִּרְכֻשׁ גָּדוֹל.

טו וְאַתָּה תָּבוֹא אֶל־אֲבֹתֶיךָ בְּשָׁלוֹם,
תִּקָּבֵר בְּשֵׂיבָה טוֹבָה.

טז וְדוֹר רְבִיעִי יָשׁוּבוּ הֵנָּה,
כִּי לֹא־שָׁלֵם עֲוֺן הָאֱמֹרִי עַד־הֵנָּה."

יז וַיְהִי הַשֶּׁמֶשׁ בָּאָה וַעֲלָטָה הָיָה,
וְהִנֵּה תַנּוּר עָשָׁן וְלַפִּיד אֵשׁ
אֲשֶׁר עָבַר בֵּין הַגְּזָרִים הָאֵלֶּה.

יח בַּיּוֹם הַהוּא כָּרַת ה' אֶת־אַבְרָם בְּרִית לֵאמֹר:
"לְזַרְעֲךָ נָתַתִּי אֶת־הָאָרֶץ הַזֹּאת
מִנְּהַר מִצְרַיִם עַד־הַנָּהָר הַגָּדֹל נְהַר־פְּרָת."

God Promises אַבְרָם That He Will Have Children and Grandchildren (The Promise of Descendents)

פֶּרֶק טו פְּסוּקִים א–ח

א אַחַר הַדְּבָרִים הָאֵלֶּה,
הָיָה דְבַר ה׳ אֶל־אַבְרָם בַּמַּחֲזֶה[1] לֵאמֹר:
"אַל־תִּירָא[2] אַבְרָם
אָנֹכִי מָגֵן[3] לָךְ
שְׂכָרְךָ[4] הַרְבֵּה מְאֹד."

ב וַיֹּאמֶר אַבְרָם:
"ה׳ אֱ·לֹהִים
מַה־תִּתֶּן־לִי
וְאָנֹכִי הוֹלֵךְ עֲרִירִי,[5]
וּבֶן־מֶשֶׁק בֵּיתִי[6] הוּא דַּמֶּשֶׂק[7] אֱלִיעֶזֶר."

ג וַיֹּאמֶר אַבְרָם:
"הֵן[8] לִי לֹא נָתַתָּה זָרַע,
וְהִנֵּה בֶן־בֵּיתִי יוֹרֵשׁ[9] אֹתִי."

1 בַּמַּחֲזֶה (ח-ז-ה) in a vision
2 אַל־תִּירָא אַל תְּפַחֵד don't be afraid
3 מָגֵן shield
4 שְׂכָרְךָ הַשָּׂכָר שֶׁלְּךָ your reward
5 עֲרִירִי אִישׁ שֶׁאֵין לוֹ יְלָדִים a man who has no children
6 בֶּן־מֶשֶׁק בֵּיתִי the man who runs my household
7 דַּמֶּשֶׂק from Damascus
8 הֵן הִנֵּה look here!
9 יוֹרֵשׁ (י-ר-שׁ) inherits

ד וְהִנֵּה דְבַר ה' אֵלָיו לֵאמֹר:

"לֹא יִירָשְׁךָ[10] זֶה,

כִּי־אִם אֲשֶׁר יֵצֵא מִמֵּעֶיךָ[11] הוּא יִירָשֶׁךָ."

ה וַיּוֹצֵא אֹתוֹ הַחוּצָה וַיֹּאמֶר:

"הַבֶּט־נָא[12] הַשָּׁמַיְמָה[13] וּסְפֹר הַכּוֹכָבִים

אִם־תּוּכַל לִסְפֹּר אֹתָם."

וַיֹּאמֶר לוֹ: "כֹּה יִהְיֶה זַרְעֶךָ[14]."

ו וְהֶאֱמִן[15] בַּה', וַיַּחְשְׁבֶהָ לּוֹ צְדָקָה[16].

ז וַיֹּאמֶר אֵלָיו:

"אֲנִי ה' אֲשֶׁר הוֹצֵאתִיךָ[17] מֵאוּר כַּשְׂדִּים

לָתֶת לְךָ אֶת־הָאָרֶץ הַזֹּאת, לְרִשְׁתָּהּ[18]."

ח וַיֹּאמַר:

"ה' אֱ־לֹהִים

בַּמָּה אֵדַע[19] כִּי אִירָשֶׁנָּה[20]?"

---

[10] יִירָשְׁךָ (י-ר-ש)
יְקַבֵּל אֶת הָרְכוּשׁ שֶׁלְּךָ
will inherit your property

[11] אֲשֶׁר יֵצֵא מִמֵּעֶיךָ בֵּן, son,
your offspring

[12] הַבֶּט־נָא הִסְתַּכֵּל look!

[13] הַשָּׁמַיְמָה אֶל הַשָּׁמַיִם
to the sky

[14] זַרְעֶךָ הַזֶּרַע שֶׁלְּךָ your descendents
הַבָּנִים וּבְנֵי הַבָּנִים שֶׁלְּךָ
your children and children's children

[15] וְהֶאֱמִן he trusted

[16] צְדָקָה (צ-ד-ק) righteousness

[17] הוֹצֵאתִיךָ (י-צ-א) הוֹצֵאתִי אוֹתְךָ
I took you out

[18] לְרִשְׁתָּהּ (י-ר-ש) לָרֶשֶׁת אוֹתָהּ
to inherit it

[19] בַּמָּה אֵדַע (י-ד-ע)
how will I know?

[20] אִירָשֶׁנָּה (י-ר-ש) אִירַשׁ אוֹתָהּ
I will inherit it

39

לִקְרֹא... לִמְצֹא... לְהַשְׁלִים... פְּסוּקִים א–ח
(read) (find) (complete)

1 In the פְּסוּקִים on pages 38–39, **highlight**:

in צָהֹב — all the words with the שֹׁרֶשׁ of **ז-ר-ע**.

in יָרֹק — all the words with the שֹׁרֶשׁ of **י-ר-שׁ**.

2 Words with the שֹׁרֶשׁ of **ז-ר-ע** or **י-ר-שׁ** are very important words in this פֶּרֶק. According to these words, what is the subject of this פֶּרֶק?

____

____

3 **Draw** a picture that fits the subject of this פֶּרֶק.

4 Who is speaking with whom?

In פְּסוּקִים א–ח, _____ is speaking with _____.

5 On pages 38–39:
Underline in כָּחֹל the words spoken by God.
Underline in וָרֹד the words spoken by אַבְרָם.

6 Who speaks more — God or אַבְרָם? _____

7 אֱ‑לֹהִים tells אַבְרָם three things in פָּסוּק א.
Write them בִּלְשׁוֹן הַתּוֹרָה:

_____ ■

_____ ■

_____ ■

Explain them in English:

■ _____

■ _____

■ _____

8 Similar ideas are found in פָּסוּק ב and פָּסוּק ג on page 38.

Copy the words from פָּסוּק ג that express the same ideas as each of these phrases from פָּסוּק ב.

פָּסוּק ב	פָּסוּק ג
וְאָנֹכִי הוֹלֵךְ עֲרִירִי	______________________
וּבֶן־מֶשֶׁק בֵּיתִי הוּא דַּמֶּשֶׂק אֱלִיעֶזֶר	______________________

9 הַשְׁלִימוּ – **Fill in** the blanks:

אַבְרָם "הוֹלֵךְ עֲרִירִי". אֵין לוֹ ______________.

אַבְרָם חוֹשֵׁב שֶׁ______________ יִירַשׁ אוֹתוֹ. (פָּסוּק ב, פָּסוּק ג)

10 Who **will not** inherit from אַבְרָם? (פָּסוּק ד) _____

Who **will** inherit from אַבְרָם? (פָּסוּק ד) _____

11 Complete this sentence by writing one or more words in the box
OR by drawing a picture that represents the word(s). (פָּסוּק ה)

God took אַבְרָם outside, and told him to count [   ]

12 What do **you** think?

Why is it difficult to count the stars? _____

What does God mean when he says that the children and grandchildren
of אַבְרָם will be like the stars in the sky?

_____

13 הַשְׁלִימוּ — **Complete:**

אַבְרָם trusts God's words.

בִּלְשׁוֹן הַתּוֹרָה: "_____ _____." (פָּסוּק ו)

14 Complete, בִּלְשׁוֹן הַתּוֹרָה:

What is the reason that God gives to אַבְרָם for taking him out of אוּר כַּשְׂדִּים?

"_____ _____

- _____ _____ _____ _____." (פָּסוּק ז)

15 After God promises to give him הָאָרֶץ, what does אַבְרָם ask God? (פָּסוּק ח)

_____

16 Summarize what we have learned in פְּסוּקִים א–ח by filling in the missing words from the bag of choices:

_____ was old, and had no _____.

אַבְרָם thought that his servant, _____, would inherit from him.

_____ promises אַבְרָם that his son would inherit from him.

God also promises that the descendents of אַבְרָם will be as numerous as the

_____ in the sky.

אַבְרָם trusted in God.
Which word means "he trusted"? _____

God thought that this was _____.

- אֱלִיעֶזֶר
- אַבְרָם
- צְדָקָה
- הֶאֱמִין
- יְלָדִים
- כּוֹכָבִים
- ה'

17 God tells אַבְרָם that God will be his מָגֵן (shield), and that God will protect him. Sometimes we want God to be our מָגֵן, too.
When might you want to ask God to be your מָגֵן?

____

____

© From the collection of the Israel Museum, Jerusalem. Photo: Israel Museum/Avshalom Avital.

אַבְרָהָם
Artist: Abel Pann, who lived in Israel and painted characters from the תַּנַ"ךְ.

18 How does אַבְרָם feel when he hears God's words? (פָּסוּק א)

_____

_____

_____

_____

_____

19 How does אַבְרָם feel when he looks at the stars in the שָׁמַיִם and thinks about the בְּרָכָה?

_____

_____

_____

_____

_____

20 (Circle) the correct answer:

אַבְרָם אוֹמֵר לַה׳: הֵן לִי לֹא נָתַתָּה זָרַע (פָּסוּק ג)

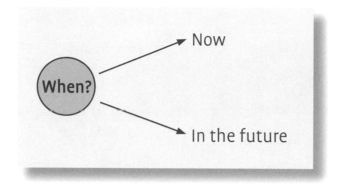

ה׳ אוֹמֵר לְאַבְרָם: כֹּה יִהְיֶה זַרְעֶךָ (פָּסוּק ה)

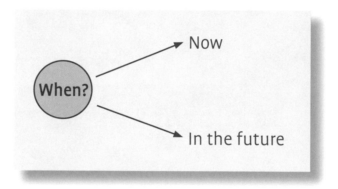

12 **Check ✓ the best choice:**

אַבְרָם שׁוֹאֵל: בַּמָּה אֵדַע כִּי אִירָשֶׁנָּה? (פָּסוּק ח)

In your opinion, how does אַבְרָם feel?

(disappointed)	(unsure)	(sad)
מְאֻכְזָב ☐	לֹא בָּטוּחַ ☐	עָצוּב ☐

כִּתְבוּ — Write:

He feels _____ because _____

_____ .

God Promises the Land to אַבְרָם

פֶּרֶק טו פְּסוּקִים יב–יח

יב וַיְהִי הַשֶּׁמֶשׁ לָבוֹא
וְתַרְדֵּמָה[1] נָפְלָה[2] עַל־אַבְרָם,
וְהִנֵּה אֵימָה[3] חֲשֵׁכָה גְדֹלָה נֹפֶלֶת[4] עָלָיו.

יג וַיֹּאמֶר לְאַבְרָם:
"יָדֹעַ תֵּדַע כִּי־גֵר[5] יִהְיֶה זַרְעֲךָ בְּאֶרֶץ לֹא לָהֶם
וַעֲבָדוּם[6] וְעִנּוּ[7] אֹתָם, אַרְבַּע מֵאוֹת שָׁנָה.

יד וְגַם אֶת־הַגּוֹי[8] אֲשֶׁר יַעֲבֹדוּ דָּן[9] אָנֹכִי,
וְאַחֲרֵי־כֵן יֵצְאוּ בִּרְכֻשׁ גָּדוֹל.[10]

טו וְאַתָּה תָּבוֹא אֶל־אֲבֹתֶיךָ בְּשָׁלוֹם,[11]
תִּקָּבֵר בְּשֵׂיבָה טוֹבָה.[12]

טז וְדוֹר רְבִיעִי יָשׁוּבוּ הֵנָּה,[13]
כִּי לֹא־שָׁלֵם עֲוֹן הָאֱמֹרִי עַד־הֵנָּה."

. . . .

יח בַּיּוֹם הַהוּא כָּרַת ה' אֶת־אַבְרָם בְּרִית לֵאמֹר:
"לְזַרְעֲךָ נָתַתִּי אֶת־הָאָרֶץ הַזֹּאת
מִנְּהַר מִצְרַיִם עַד־הַנָּהָר[14] הַגָּדֹל נְהַר־פְּרָת."

1 **תַּרְדֵּמָה** שֵׁנָה עֲמוּקָה deep sleep
2 **נָפְלָה** (נ-פ-ל) fell
3 **אֵימָה** פַּחַד גָּדוֹל a great fear
4 **נֹפֶלֶת** (נ-פ-ל) fell at the same time
5 **גֵּר** stranger
6 **וַעֲבָדוּם** (ע-ב-ד) הֵם יַעַבְדוּ בִּשְׁבִילָם, יִהְיוּ עֲבָדִים שֶׁלָּהֶם they will serve them as slaves
7 **וְעִנּוּ** (ע-נ-ה) they will oppress
8 **הַגּוֹי** הָעָם the nation
9 **דָּן** (ד-ו-ן) שׁוֹפֵט will judge
10 **בִּרְכֻשׁ גָּדוֹל** עִם הַרְבֵּה רְכוּשׁ with a lot of property
11 **תָּבוֹא אֶל־אֲבוֹתֶיךָ בְּשָׁלוֹם** אַתָּה תָּמוּת בְּשָׁלוֹם you will die in peace
12 **תִּקָּבֵר בְּשֵׂיבָה טוֹבָה** תָּמוּת כַּאֲשֶׁר תִּהְיֶה זָקֵן מְאֹד, you will die when you are very old תִּחְיֶה הַרְבֵּה שָׁנִים you will live many years
13 **יָשׁוּבוּ הֵנָּה** (שׁ-ו-ב) הֵם יַחְזְרוּ לְכָאן, לְאֶרֶץ כְּנַעַן they will return here, to אֶרֶץ כְּנַעַן
14 **נָהָר** river

לִקְרֹא... לִמְצֹא... לְהַשְׁלִים... פְּסוּקִים יב–יח
(read) (find) (complete)

1 In פָּסוּק יב it is written that אַבְרָם hears God while he is ________________.

2 God tells אַבְרָם what will happen to his descendents for 400 years.
In פָּסוּק יג it is written that the children and children's children of אַבְרָם will live in a land that is not theirs.
Write this in לְשׁוֹן הַתּוֹרָה:

"גֵר ________________ ________________

________________ ________________ ________________."

3 At the end of פָּסוּק יג, it is written that they will be slaves for 400 years.
Write this in לְשׁוֹן הַתּוֹרָה:

"וַעֲבָדוּם ________________ ________________

________________ ________________ שָׁנָה."

4 In פָּסוּק יד, it is written what will happen to the descendents of אַבְרָם after 400 years.
Write this in לְשׁוֹן הַתּוֹרָה:

אַחֲרֵי 400 שָׁנָה הֵם "יֵצְאוּ ________________ ________________."

5 What will happen to אַבְרָם? (פָּסוּק טו)
Write this in לְשׁוֹן הַתּוֹרָה:

"וְאַתָּה _____ _____ – _____ _____."

תִּקָּבֵר _____ _____."

6 Summarize what we have learned in פְּסוּקִים א–ח
by filling in the missing words from the bag of choices:

_____ fell upon אַבְרָם.

God tells אַבְרָם that his descendents will be _____.

Others will oppress them for 400 _____.

Afterwards, they will go out with a lot of _____.

אַבְרָם will die _____.

God makes a _____ with אַבְרָם.

God promises to give _____

to the descendents of אַבְרָם.

- הָאָרֶץ
- בְּשֵׂיבָה טוֹבָה
- תַּרְדֵּמָה
- בְּרִית
- שָׁנָה
- רְכוּשׁ
- עֲבָדִים

לַחְשֹׁב... לְהָבִין... לְהַרְגִּישׁ... פְּסוּקִים יב–יח
(think) (understand) (feel)

7 Why does God tell אַבְרָם about his future and the future of his descendents?

8 In your opinion, is it good for אַבְרָם to know what the future will be for himself and for his descendents?

Circle your answer: לֹא כֵּן

הַסְבִּירוּ – Explain:

9 God says to אַבְרָם:

"יָדֹעַ תֵּדַע כִּי־גֵר יִהְיֶה זַרְעֲךָ בְּאֶרֶץ לֹא לָהֶם" (פָּסוּק יג)

Which אֶרֶץ is God talking about?

10 Below are two drawings that describe what will happen to the descendents of אַבְרָם in אֶרֶץ לֹא לָהֶם. (פָּסוּק יג)

Copy the פָּסוּק that matches each picture:

הַפָּסוּק: _____

הַפָּסוּק: _____

11 Both good things and bad things will happen to the descendents of אַבְרָם.
(פסוקים יג-יח)

כִּתְבוּ – Write whether these things are **טוֹב** or **רַע**:

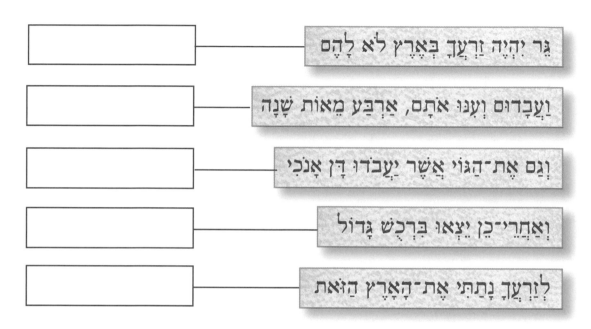

גֵר יִהְיֶה זַרְעֲךָ בְּאֶרֶץ לֹא לָהֶם	
וַעֲבָדוּם וְעִנּוּ אֹתָם, אַרְבַּע מֵאוֹת שָׁנָה	
וְגַם אֶת־הַגּוֹי אֲשֶׁר יַעֲבֹדוּ דָּן אָנֹכִי	
וְאַחֲרֵי־כֵן יֵצְאוּ בִּרְכֻשׁ גָּדוֹל	
לְזַרְעֲךָ נָתַתִּי אֶת־הָאָרֶץ הַזֹּאת	

12 **כִּתְבוּ – Write** נָכוֹן or לֹא נָכוֹן:

- The descendents of אַבְרָם will live in אֶרֶץ כְּנַעַן for 400 years. לא נָכוֹן
- The descendents of אַבְרָם will be strangers in אֶרֶץ לֹא לָהֶם. ________
- The descendents of אַבְרָם will be slaves, and their masters will torment them for 400 years. ________
- The descendents of אַבְרָם will leave after 400 years with a lot of property. ________
- אַבְרָם will die a young man. ________
- אַבְרָם will die when he is very old. ________

13 In your opinion, how did אַבְרָם feel after he woke up from his sleep?

(disappointed)	(angry)	(sad)	(happy)
מְאֻכְזָב	כּוֹעֵס	עָצוּב	שָׂמֵחַ

(a different emotion)
הַרְגָּשָׁה אַחֶרֶת

Draw the face of אַבְרָם after he woke up from his sleep:

אַבְרָם felt _____ because _____

_____ .

14 God promises that אַבְרָם will have **children and grandchildren**.
God promises אַבְרָם **the land**.

The first promise is the promise of _____.

The second promise is the promise of _____.

15 הַשְׁלִימוּ – **Complete** in Hebrew:

בְּפָסוּק יח – "הָאָרֶץ הַזֹּאת" הִיא _____.

בְּפָסוּק יג – "אֶרֶץ לֹא לָהֶם" הִיא _____.

בְּפָסוּק יח – "הָאָרֶץ הַזֹּאת" הִיא _____.

A view of the Jerusalem Hills

16 The land that God promises to אַבְרָם is like a gift.
Who is giving this gift?

(Circle) the answer in these two פְּסוּקִים.

אֲנִי ה' אֲשֶׁר הוֹצֵאתִיךָ מֵאוּר כַּשְׂדִּים
לָתֶת לְךָ אֶת־הָאָרֶץ הַזֹּאת, לְרִשְׁתָּהּ (פָּסוּק ז)

בַּיּוֹם הַהוּא כָּרַת ה' אֶת־אַבְרָם בְּרִית לֵאמֹר:
"לְזַרְעֲךָ נָתַתִּי אֶת־הָאָרֶץ הַזֹּאת" (פָּסוּק יח)

What is the gift? **Highlight** the answer in כָּחֹל in פָּסוּק ז and פָּסוּק יח.

17 **Draw** a picture of the gift.

18 **Complete** these statements with the correct word in Hebrew or English:

In פָּסוּק ז _____ receives the gift.

In פָּסוּק יח _____ receive the gift.

19 The gift that God gave to אַבְרָם and his descendents is also the gift that we received,

since we are _____.

לִקְרֹא שׁוּב . . . לְסַכֵּם . . . פְּסוּקִים א–ח, יב–טז, יח

(read again) (summarize)

1 **Draw** a line from each word בִּלְשׁוֹן הַתּוֹרָה to the matching English translation.

nation	אַל תִּירָא
will inherit from you	זֶרַע
son/child	יִירָשֶׁךָ
will serve them as slaves	הַשָּׁמַיְמָה
do not fear!	אִירָשֶׁנָּה
to your children	הוֹצֵאתִיךָ
I will inherit it	אֶרֶץ לֹא לָהֶם
I took you out	וַעֲבָדוּם
to the sky	גּוֹי
a land not theirs	לְזַרְעֲךָ

2 כִּתְבוּ – **Write** here or in your journal:
What did I learn about אֱ-לֹהִים in this פֶּרֶק?

____

____

____

3 When I studied this פֶּרֶק, I thought and felt all kinds of things.

I understood that . . .

_____

_____

I was angry about . . .

_____

_____

I liked that . . .

_____

_____

I was afraid that . . .

_____

_____

_____

I wanted to know more about . . .

_____

_____

I wanted to ask . . .

_____

_____

Student writes:

God said to אַבְרָם: "I am God who brought you out of אוּר כַּשְׂדִּים."

If God were to speak to **you**, what do you think God would say as an introduction?

For example: "I am God who gave you good parents."

"I am God who _____."

"I am God who _____."

"I am God who _____."

Parent signature: _____

Student signature: _____

What do your parents think?

Dear Parents,

We have just learned that in God's introduction to Avram, God said:

"I am God who took you out of Ur Casdim to assign this land to you as a possesion." (Genesis 15:7)

If God were to speak to **you** today, what might God say by way of introduction?

Please discuss this question first with your child. You may write in whichever language you feel most comfortable, English or Hebrew.

Parent's answer:

Example: "I am God who gave you wonderful children."

"I am God who _____."

"I am God who _____."

"I am God who _____."

פָּרָשַׁת לֶךְ-לְךָ

פֶּרֶק יז   פְּסוּקִים א-טז, כג-כז

א   וַיְהִי אַבְרָם בֶּן-תִּשְׁעִים שָׁנָה וְתֵשַׁע שָׁנִים,
    וַיֵּרָא ה' אֶל-אַבְרָם וַיֹּאמֶר אֵלָיו:
    "אֲנִי אֵל שַׁדַּי
    הִתְהַלֵּךְ לְפָנַי וֶהְיֵה תָמִים.

ב   וְאֶתְּנָה בְרִיתִי בֵּינִי וּבֵינֶךָ,
    וְאַרְבֶּה אוֹתְךָ בִּמְאֹד מְאֹד."

ג   וַיִּפֹּל אַבְרָם עַל-פָּנָיו,
    וַיְדַבֵּר אִתּוֹ אֱלֹהִים לֵאמֹר:

ד   "אֲנִי הִנֵּה בְרִיתִי אִתָּךְ,
    וְהָיִיתָ לְאַב הֲמוֹן גּוֹיִם.

ה וְלֹא־יִקָּרֵא עוֹד אֶת־שִׁמְךָ אַבְרָם,
וְהָיָה שִׁמְךָ אַבְרָהָם
כִּי אַב־הֲמוֹן גּוֹיִם נְתַתִּיךָ.

ו וְהִפְרֵתִי אֹתְךָ בִּמְאֹד מְאֹד וּנְתַתִּיךָ לְגוֹיִם,
וּמְלָכִים מִמְּךָ יֵצֵאוּ.

ז וַהֲקִמֹתִי אֶת־בְּרִיתִי
בֵּינִי וּבֵינֶךָ וּבֵין זַרְעֲךָ אַחֲרֶיךָ לְדֹרֹתָם
לִבְרִית עוֹלָם,
לִהְיוֹת לְךָ לֵא·לֹהִים
וּלְזַרְעֲךָ אַחֲרֶיךָ.

ח וְנָתַתִּי לְךָ
וּלְזַרְעֲךָ אַחֲרֶיךָ
אֵת אֶרֶץ מְגֻרֶיךָ
אֵת כָּל־אֶרֶץ כְּנַעַן
לַאֲחֻזַּת עוֹלָם,
וְהָיִיתִי לָהֶם לֵא·לֹהִים."

ט וַיֹּאמֶר אֱלֹהִים אֶל־אַבְרָהָם:

"וְאַתָּה אֶת־בְּרִיתִי תִשְׁמֹר,

אַתָּה

וְזַרְעֲךָ אַחֲרֶיךָ

לְדֹרֹתָם.

י זֹאת בְּרִיתִי אֲשֶׁר תִּשְׁמְרוּ בֵּינִי וּבֵינֵיכֶם,

וּבֵין זַרְעֲךָ אַחֲרֶיךָ,

הִמּוֹל לָכֶם כָּל־זָכָר.

יא וּנְמַלְתֶּם אֵת בְּשַׂר עָרְלַתְכֶם,

וְהָיָה לְאוֹת בְּרִית בֵּינִי וּבֵינֵיכֶם.

יב וּבֶן־שְׁמֹנַת יָמִים יִמּוֹל לָכֶם

כָּל־זָכָר לְדֹרֹתֵיכֶם,

יְלִיד בָּיִת

וּמִקְנַת־כֶּסֶף מִכֹּל בֶּן־נֵכָר

אֲשֶׁר לֹא מִזַּרְעֲךָ הוּא.

יג הִמּוֹל יִמּוֹל יְלִיד בֵּיתְךָ וּמִקְנַת כַּסְפֶּךָ,
וְהָיְתָה בְרִיתִי בִּבְשַׂרְכֶם לִבְרִית עוֹלָם.

יד וְעָרֵל זָכָר אֲשֶׁר לֹא־יִמּוֹל אֶת־בְּשַׂר עָרְלָתוֹ
וְנִכְרְתָה הַנֶּפֶשׁ הַהִוא מֵעַמֶּיהָ,
אֶת־בְּרִיתִי הֵפַר."

טו וַיֹּאמֶר אֱ‑לֹהִים אֶל־אַבְרָהָם:
"שָׂרַי אִשְׁתְּךָ
לֹא־תִקְרָא אֶת־שְׁמָהּ שָׂרָי,
כִּי שָׂרָה שְׁמָהּ.

טז וּבֵרַכְתִּי אֹתָהּ
וְגַם נָתַתִּי מִמֶּנָּה לְךָ בֵּן,
וּבֵרַכְתִּיהָ
וְהָיְתָה לְגוֹיִם,
מַלְכֵי עַמִּים מִמֶּנָּה יִהְיוּ."

. . . .

כג וַיִּקַּח אַבְרָהָם אֶת־יִשְׁמָעֵאל בְּנוֹ וְאֵת כָּל־יְלִידֵי בֵיתוֹ
וְאֵת כָּל־מִקְנַת כַּסְפּוֹ כָּל־זָכָר בְּאַנְשֵׁי בֵּית אַבְרָהָם,
וַיָּמָל אֶת־בְּשַׂר עָרְלָתָם
בְּעֶצֶם הַיּוֹם הַזֶּה
כַּאֲשֶׁר דִּבֶּר אִתּוֹ אֱלֹהִים.

כד וְאַבְרָהָם בֶּן־תִּשְׁעִים וָתֵשַׁע שָׁנָה,
בְּהִמֹּלוֹ בְּשַׂר עָרְלָתוֹ.

כה וְיִשְׁמָעֵאל בְּנוֹ בֶּן־שְׁלֹשׁ עֶשְׂרֵה שָׁנָה,
בְּהִמֹּלוֹ אֵת בְּשַׂר עָרְלָתוֹ.

כו בְּעֶצֶם הַיּוֹם הַזֶּה נִמּוֹל אַבְרָהָם,
וְיִשְׁמָעֵאל בְּנוֹ.

כז וְכָל־אַנְשֵׁי בֵיתוֹ יְלִיד בָּיִת וּמִקְנַת־כֶּסֶף מֵאֵת בֶּן־נֵכָר,
נִמֹּלוּ אִתּוֹ.

God Makes a בְּרִית with אַבְרָם

פֶּרֶק יז פְּסוּקִים א–ט

א וַיְהִי אַבְרָם בֶּן־תִּשְׁעִים שָׁנָה וְתֵשַׁע שָׁנִים,
וַיֵּרָא ה׳ אֶל־אַבְרָם וַיֹּאמֶר אֵלָיו:
"אֲנִי אֵ־ל שַׁ־דַּי
הִתְהַלֵּךְ לְפָנַי[1] וֶהְיֵה תָמִים.[2]

ב וְאֶתְּנָה[3] בְרִיתִי[4] בֵּינִי וּבֵינֶךָ,
וְאַרְבֶּה אוֹתְךָ בִּמְאֹד מְאֹד."

ג וַיִּפֹּל אַבְרָם עַל־פָּנָיו,[5]
וַיְדַבֵּר אִתּוֹ אֱ־לֹהִים לֵאמֹר:

ד "אֲנִי הִנֵּה בְרִיתִי אִתָּךְ,
וְהָיִיתָ לְאַב הֲמוֹן[6] גּוֹיִם.[7]

ה וְלֹא־יִקָּרֵא עוֹד אֶת־שִׁמְךָ אַבְרָם,
וְהָיָה שִׁמְךָ אַבְרָהָם

1 הִתְהַלֵּךְ לְפָנַי לֵךְ לְפָנַי
walk before me, be loyal to me

2 וֶהְיֵה תָמִים תִּהְיֶה יָשָׁר
be honest, be blameless

3 וְאֶתְּנָה אֲנִי אֶתֵּן I will give

4 בְּרִיתִי הַבְּרִית שֶׁלִּי my covenant, my agreement, my promise

5 וַיִּפֹּל נָפַל fell
וַיִּפֹּל עַל־פָּנָיו נָפַל עַל פָּנָיו
he fell on his face (a position for prayer)

6 הֲמוֹן הַרְבֵּה many

7 גּוֹיִם עַמִּים nations

כִּי אַב־הֲמוֹן גּוֹיִם נְתַתִּיךָ.

ו וְהִפְרֵתִי אֹתְךָ[7] בִּמְאֹד מְאֹד וּנְתַתִּיךָ לְגוֹיִם,
וּמְלָכִים מִמְּךָ יֵצֵאוּ.

ז וַהֲקִמֹתִי[8] אֶת־בְּרִיתִי
בֵּינִי וּבֵינֶךָ וּבֵין זַרְעֲךָ אַחֲרֶיךָ לְדֹרֹתָם[9]
לִבְרִית עוֹלָם,[10]
לִהְיוֹת לְךָ לֵא·לֹהִים
וּלְזַרְעֲךָ אַחֲרֶיךָ.

ח וְנָתַתִּי לְךָ
וּלְזַרְעֲךָ אַחֲרֶיךָ
אֵת אֶרֶץ מְגֻרֶיךָ[11]
אֵת כָּל־אֶרֶץ כְּנַעַן
לַאֲחֻזַּת עוֹלָם,[12]
וְהָיִיתִי לָהֶם לֵא·לֹהִים."

ט וַיֹּאמֶר אֱ·לֹהִים אֶל־אַבְרָהָם:
"וְאַתָּה אֶת־בְּרִיתִי תִשְׁמֹר,
אַתָּה
וְזַרְעֲךָ אַחֲרֶיךָ
לְדֹרֹתָם.

7 **וְהִפְרֵתִי אֹתְךָ** אֶתֵּן לְךָ הַרְבֵּה יְלָדִים
I will give you many children

8 **וַהֲקִמֹתִי** אֶשְׁמֹר
I will keep (a promise)

9 **לְדֹרֹתָם** מִדּוֹר לְדוֹר (לְתָמִיד)
from generation to generation

10 **לִבְרִית עוֹלָם** בְּרִית לְתָמִיד
a בְּרִית forever

11 **אֶרֶץ מְגֻרֶיךָ** הָאָרֶץ שֶׁאַתָּה גָּר בָּהּ
the אֶרֶץ in which you live

12 **לַאֲחֻזַּת עוֹלָם** לְנַחֲלָה לְתָמִיד
for an inheritance forever,
for your possession for all time

לִקְרֹא... לִמְצֹא... לְהַשְׁלִים... פְּסוּקִים א–ט
(read) (find) (complete)

1 God made a בְּרִית with אַבְרָם when אַבְרָם was __________ years old. (פָּסוּק א)

2 **Highlight** the word בְּרִיתִי in כָּחֹל.

Draw a **box** around the word בֵּין and words that are related to בֵּין (בֵּינִי, בֵּינְךָ).

הַשְׁלִימוּ — **Fill in** the blanks:

וְאֶתְּנָה בְרִיתִי בֵּינִי וּבֵינֶךָ

פָּסוּק _____

This בְּרִית is between

____

and

________________.

אֲנִי הִנֵּה בְרִיתִי אִתָּךְ

פָּסוּק _____

This בְּרִית is between

____

and

________________.

וַהֲקִמֹתִי אֶת־בְּרִיתִי
בֵּינִי וּבֵינֶךָ וּבֵין זַרְעֲךָ

פָּסוּק _____

This בְּרִית is between

____

and

____

and

________________.

3 The בְּרִית is between ________________ and ________________.

4 The name of אַבְרָם will now be אַבְרָ__ם.

Copy the words in פָּסוּק ה that explain why this is so:

"כִּי ________ - ________________ ________________

________________."

5 On pages 68–69:

Draw one line under the בְּרָכוֹת that God gives to אַבְרָם and his descendents. (פְּסוּקִים א–ח)

Draw two lines under the things that אַבְרָם must do. (פָּסוּק א and פָּסוּק ט)

6 הַשְׁלִימוּ – **Complete** בִּלְשׁוֹן הַתּוֹרָה: (פָּסוּק ט)

God commands אַבְרָהָם:

"________________ ________ - ________________ ________________."

7 The בְּרִית will continue for many years — from the children of אַבְרָהָם to his grandchildren, from generation to generation.

הַשְׁלִימוּ – **Complete** בִּלְשׁוֹן הַתּוֹרָה:

"from generation to generation" (פָּסוּק ז) "לְ________________"

"this בְּרִית will last forever" (פָּסוּק ז) "לְ________________ ________________"

אֶרֶץ כְּנַעַן will be "an inheritance forever" (פָּסוּק ח) "לַ________________ ________________"

לַחְשֹׁב... לְהָבִין... לְהַרְגִּישׁ... פָּסוּק א–ט
(think) (understand) (feel)

8 God says: וְהָיִיתִי לָהֶם לֵא·לֹהִים (פָּסוּק ח)

In my opinion, God is saying that ____

____.

9 We also have to observe the בְּרִית that God made with אַבְרָהָם because we:

____

____.

10 הַשְׁלִימוּ – **Fill in** the blanks using the words from the bag of choices.
Where there are brackets [ ], **fill in** the Hebrew word(s)
for the **bold** English word(s):

• הָמוֹן
• לִשְׁמֹר
• אַבְרָהָם
• לְהַאֲמִין
• לְעוֹלָם (לְתָמִיד)
• אֶרֶץ כְּנַעַן
• כּוֹרֵת בְּרִית
• זַרְעוֹ

God **makes a covenant** [______________ ______________]

with אַבְרָם and with his **descendents** [______________].

The בְּרִית is **forever** [____________________________].

The name of אַבְרָם will now be ____________________ because he will be

the father of **many** [______________] children and grandchildren.

God promises אַבְרָהָם that ______________ ______________will belong
to his descendents.

אַבְרָהָם and his descendents have **to observe** [______________] the בְּרִית and

to trust [______________] in God.

God Commands בְּרִית הַמִּילָה

פֶּרֶק יז פְּסוּקִים י-יד

י "זֹאת בְּרִיתִי אֲשֶׁר תִּשְׁמְרוּ בֵּינִי וּבֵינֵיכֶם,
וּבֵין זַרְעֲךָ אַחֲרֶיךָ,
הִמּוֹל[1] לָכֶם כָּל־זָכָר.

יא וּנְמַלְתֶּם אֵת בְּשַׂר עָרְלַתְכֶם,
וְהָיָה לְאוֹת בְּרִית בֵּינִי וּבֵינֵיכֶם.

יב וּבֶן־שְׁמֹנַת יָמִים יִמּוֹל[2] לָכֶם
כָּל־זָכָר לְדֹרֹתֵיכֶם,
יְלִיד בָּיִת[3]
וּמִקְנַת־כֶּסֶף[4] מִכֹּל בֶּן־נֵכָר[5]
אֲשֶׁר לֹא מִזַּרְעֲךָ[6] הוּא.

1 **הִמּוֹל** עֲשֵׂה בְּרִית מִילָה
perform a בְּרִית מִילָה!

2 **יִמּוֹל** יַעֲשֶׂה בְּרִית מִילָה
will perform a בְּרִית מִילָה

3 **יְלִיד בָּיִת** עֲבָדִים שֶׁנּוֹלְדוּ בַּבַּיִת שֶׁל אַבְרָהָם
servants born in the household of אַבְרָהָם

4 **מִקְנַת־כֶּסֶף** אָדָם שֶׁקָּנוּ אוֹתוֹ בְּכֶסֶף
a person who is bought with money

5 **בֶּן־נֵכָר** אָדָם שֶׁאֵינוֹ מִמִּשְׁפַּחַת אַבְרָהָם
someone who is not part of the family of אַבְרָהָם

6 **לֹא מִזַּרְעֲךָ** בֵּן שֶׁהוּא לֹא שֶׁלְּךָ
someone else's child

יג הִמּוֹל יִמּוֹל יְלִיד בֵּיתְךָ וּמִקְנַת כַּסְפֶּךָ,
וְהָיְתָה בְרִיתִי בִּבְשַׂרְכֶם לִבְרִית עוֹלָם.

יד וְעָרֵל זָכָר[7] אֲשֶׁר לֹא־יִמּוֹל אֶת־בְּשַׂר עָרְלָתוֹ
וְנִכְרְתָה הַנֶּפֶשׁ הַהִוא[8] מֵעַמֶּיהָ,
אֶת־בְּרִיתִי הֵפַר[9]."

7 **וְעָרֵל זָכָר** בֵּן זָכָר שֶׁלֹּא עָשׂוּ לוֹ בְּרִית מִילָה
a male child on whom בְּרִית מִילָה has not been performed

8 **וְנִכְרְתָה הַנֶּפֶשׁ הַהִוא** הוּא לֹא יִהְיֶה חֵלֶק מֵהָעָם
he will not be a part of the nation

9 **הֵפַר** לֹא קִיֵּם (אֶת בְּרִיתִי) (בְּרִית he did not keep (my

בְּרִית מִילָה בְּבֵית כְּנֶסֶת, הַר הַצּוֹפִים, יְרוּשָׁלַיִם, 1994.

לִקְרֹא... לִמְצֹא... לְהַשְׁלִים... פְּסוּקִים י–יד
(read) (find) (complete)

1 In פְּסוּקִים י–יד on pages 73–74, **highlight** in כָּחֹל all the words with the שֹׁרֶשׁ of **מ-ו-ל**.
(Hint: Sometimes, you will not see the letter **ו** in the word.)

How many words did you find? ______

Highlight in יָרֹק all the words that contain the word בְּרִית.

How many words did you find? ______

2 According to what you found, the most important idea in פְּסוּקִים י–יד is:

____.

3 בְּרִית מִילָה is a sign of the בְּרִית between ____________ and ____________.
(פָּסוּק יא)

4 The בְּרִית requires that אַבְרָהָם circumcise every male (boy) who lives in his house, including two types of servants.
What are the two types of servants called, בִּלְשׁוֹן הַתּוֹרָה: (פָּסוּק יב)

"______________________ ______________________"

"______________________ ______________________"

5 We perform בְּרִית מִילָה when the boy is at the age of ________________.

The Name of שָׂרָה Is Changed

פֶּרֶק יז פְּסוּקִים טו-טז

טו וַיֹּאמֶר אֱ·לֹהִים אֶל־אַבְרָהָם:
"שָׂרַי אִשְׁתְּךָ[1]
לֹא־תִקְרָא אֶת שְׁמָהּ שָׂרָי,
כִּי שָׂרָה שְׁמָהּ.[2]

טז וּבֵרַכְתִּי[3] אֹתָהּ
וְגַם נָתַתִּי מִמֶּנָּה לְךָ בֵּן,
וּבֵרַכְתִּיהָ[4]
וְהָיְתָה[5] לְגוֹיִם,
מַלְכֵי עַמִּים[6] מִמֶּנָּה יִהְיוּ."

1 **אִשְׁתְּךָ** הָאִשָּׁה שֶׁלְּךָ your wife
2 **שְׁמָהּ** הַשֵּׁם שֶׁלָּהּ her name
3 **וּבֵרַכְתִּי** (ב-ר-כ) אֲבָרֵךְ I will bless
4 **וּבֵרַכְתִּיהָ** אֲבָרֵךְ אוֹתָהּ I will bless her
5 **וְהָיְתָה** הִיא תִּהְיֶה she will become
6 **מַלְכֵי עַמִּים** מְלָכִים שֶׁל עַמִּים kings of nations

לִקְרֹא... לִמְצֹא... לְהַשְׁלִים... פְּסוּקִים טו–טז

(read) (find) (complete)

1 אֱ·לֹהִים gives אַבְרָהָם good news.

הַשְׁלִימוּ – Fill in the blanks:

From now on, the name of שָׂרַי will be ______________. (פָּסוּק טו)

אַבְרָהָם will have a ______________ from שָׂרָה. (פָּסוּק טז)

שָׂרָה will be ______________. (פָּסוּק טז)

The descendents of שָׂרָה will include ______________ _____ ______________. (פָּסוּק טז)

2 The good news that אַבְרָהָם hears for the first time is:

____

____

The Young Sarah
A painting by Abel Pann

לַחְשֹׁב... לְהָבִין... לְהַרְגִּישׁ... פְּסוּקִים טו–טז
(think) (understand) (feel)

3 When אַבְרָהָם hears the good news that he and שָׂרָה will have a son, he is 99 years old. (פָּסוּק א)

In your opinion, how does he feel? Put a **check** ✓ under the drawing you choose.

○ אַבְרָהָם thanks God.

○ אַבְרָהָם laughs and does not believe it.

◯ אַבְרָהָם _____.   ◯ אַבְרָהָם cries.

4 I chose this drawing because _____

_____.

5 אַבְרָהָם and שָׂרָה receive similar בְּרָכוֹת from God.
Highlight in צָהֹב these similar בְּרָכוֹת.

הַבְּרָכוֹת לְשָׂרָה	הַבְּרָכוֹת לְאַבְרָהָם
וּבֵרַכְתִּיהָ וְהָיְתָה לְגוֹיִם מַלְכֵי עַמִּים מִמֶּנָּה יִהְיוּ. (פָּסוּק טז)	וְהָיִיתָ לְאַב הֲמוֹן גּוֹיִם (פָּסוּק ד) וּמְלָכִים מִמְּךָ יֵצֵאוּ. (פָּסוּק ו) וְנָתַתִּי לְךָ וּלְזַרְעֲךָ אַחֲרֶיךָ . . . אֵת כָּל־אֶרֶץ כְּנַעַן (פָּסוּק ח)

6 **Write** in your own words the בְּרָכָה that God gave **only** to אַבְרָהָם:

"I give to you and to ______________________________

____."

7 שָׂרָה is 90 years old. (פָּסוּק יז)
How do you think she feels?
On the next page, put a **check** ✓ under the drawing you chose.

◯ שָׂרָה laughs and does not believe it.

◯ שָׂרָה cries.

◯ שָׂרָה thanks God.

◯ שָׂרָה is angry.

8 שָׂרָה feels this way because _____

_____ .

בְּרִית מִילָה Fulfills the Command of אַבְרָהָם

פֶּרֶק יז פְּסוּקִים כג-כז

כג וַיִּקַּח אַבְרָהָם אֶת־יִשְׁמָעֵאל בְּנוֹ וְאֵת כָּל־יְלִידֵי בֵיתוֹ[1]
וְאֵת כָּל־מִקְנַת כַּסְפּוֹ[2] כָּל־זָכָר בְּאַנְשֵׁי בֵּית אַבְרָהָם,
וַיָּמָל[3] אֶת־בְּשַׂר עָרְלָתָם
בְּעֶצֶם הַיּוֹם הַזֶּה
כַּאֲשֶׁר[4] דִּבֶּר אִתּוֹ אֱ־לֹהִים.

כד וְאַבְרָהָם בֶּן־תִּשְׁעִים וָתֵשַׁע שָׁנָה,
בְּהִמֹּלוֹ בְּשַׂר עָרְלָתוֹ.

כה וְיִשְׁמָעֵאל בְּנוֹ בֶּן־שְׁלֹשׁ עֶשְׂרֵה שָׁנָה,
בְּהִמֹּלוֹ אֵת בְּשַׂר עָרְלָתוֹ.

כו בְּעֶצֶם הַיּוֹם הַזֶּה נִמּוֹל אַבְרָהָם,
וְיִשְׁמָעֵאל בְּנוֹ.

כז וְכָל־אַנְשֵׁי[5] בֵיתוֹ יְלִיד בָּיִת וּמִקְנַת־כֶּסֶף מֵאֵת בֶּן־נֵכָר,
נִמֹּלוּ אִתּוֹ.

1 **יְלִידֵי בֵיתוֹ** (י-ל-ד) עֲבָדִים שֶׁנּוֹלְדוּ בַּבַּיִת שֶׁל אַבְרָהָם
servants born into the household of אַבְרָהָם

2 **מִקְנַת כַּסְפּוֹ** עֲבָדִים שֶׁאַבְרָהָם קָנָה בַּכֶּסֶף שֶׁלּוֹ
servants that אַבְרָהָם bought with his own money

3 **וַיָּמָל** עָשָׂה בְּרִית מִילָה
he performed בְּרִית מִילָה

4 **כַּאֲשֶׁר** כְּמוֹ שֶׁ- just as

5 **אַנְשֵׁי** הָאֲנָשִׁים שֶׁל the people of

לִקְרֹא... לִמְצֹא... לְהַשְׁלִים... פְּסוּקִים כג–כז
(read) (find) (complete)

1 **Highlight** in כָּחֹל all of the words with the שֹׁרֶשׁ of **מ-ו-ל**.

Words with this שֹׁרֶשׁ appear in the story _____ times.

2 Who are the people or groups of people on whom אַבְרָהָם performed בְּרִית מִילָה? (פָּסוּק כג)

____

____

____

____

3 How old was אַבְרָהָם when he was circumcised?

אַבְרָהָם was _____ years old.

4 How old was יִשְׁמָעֵאל when he was circumcised?

יִשְׁמָעֵאל was _____ years old.

5 Muslims are the descendents of יִשְׁמָעֵאל.

At what age do you think Muslim boys are circumcised? _____ years old

6 **Highlight** in וָרֹד the things that are similar in the words of God and in the actions of אַבְרָהָם.

The Actions of אַבְרָהָם (פָּסוּק כג)

וַיִּקַּח אַבְרָהָם אֶת־יִשְׁמָעֵאל בְּנוֹ
וְאֵת כָּל־יְלִידֵי בֵיתוֹ
וְאֵת כָּל־מִקְנַת כַּסְפּוֹ כָּל־זָכָר
בְּאַנְשֵׁי בֵּית אַבְרָהָם,
וַיָּמָל אֶת־בְּשַׂר עָרְלָתָם . . .

The Command of God (פָּסוּק יב)

וּבֶן־שְׁמֹנַת יָמִים יִמּוֹל לָכֶם
כָּל־זָכָר לְדֹרֹתֵיכֶם,
יְלִיד בָּיִת
וּמִקְנַת־כֶּסֶף מִכֹּל בֶּן־נֵכָר
אֲשֶׁר לֹא מִזַּרְעֲךָ הוּא.

We learn from this that אַבְרָהָם did ______________________________

____.

7 **Highlight** in יָרֹק the age of אַבְרָהָם in each פָּסוּק.

In the beginning of the פֶּרֶק it is written:

וַיְהִי אַבְרָם בֶּן־תִּשְׁעִים שָׁנָה וְתֵשַׁע שָׁנִים, וַיֵּרָא ה' אֶל־אַבְרָם . . . (פָּסוּק א)

At the end of of the פֶּרֶק it is written:

וְאַבְרָהָם בֶּן־תִּשְׁעִים וָתֵשַׁע שָׁנָה, בְּהִמֹּלוֹ בְּשַׂר עָרְלָתוֹ. (פָּסוּק כד)

Why is his age mentioned twice? ______________________________

____

לִקְרֹא שׁוּב . . . לְסַכֵּם . . . פְּסוּקִים א–כז
(read again) (summarize)

1 **Highlight** in כָּחֹל the words זַרְעֲךָ אַחֲרֶיךָ.
Highlight in יָרֹק the words that mean forever.

"וַהֲקִמֹתִי אֶת־בְּרִיתִי
בֵּינִי וּבֵינֶךָ וּבֵין זַרְעֲךָ אַחֲרֶיךָ לְדֹרֹתָם
לִבְרִית עוֹלָם,
לִהְיוֹת לְךָ לֵא·לֹהִים
וּלְזַרְעֲךָ אַחֲרֶיךָ.

(פָּסוּק ז)

וְנָתַתִּי לְךָ
וּלְזַרְעֲךָ אַחֲרֶיךָ
אֵת אֶרֶץ מְגֻרֶיךָ
אֵת כָּל־אֶרֶץ כְּנַעַן
לַאֲחֻזַּת עוֹלָם,
וְהָיִיתִי לָהֶם לֵא·לֹהִים."

(פָּסוּק ח)

2 In פְּסוּקִים ז–ח, God promises אַבְרָהָם two things:

to be ________________________________

to give ________________________________

85

3 **Connect** each word בִּלְשׁוֹן הַתּוֹרָה to its meaning in English and Modern Hebrew:

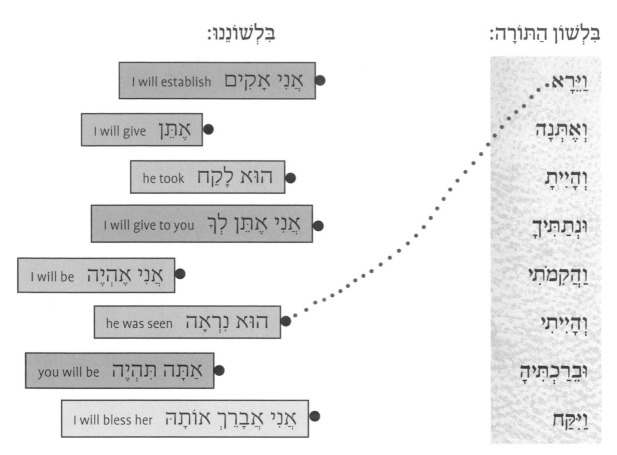

בִּלְשׁוֹנֵנוּ:	בִּלְשׁוֹן הַתּוֹרָה:
I will establish אֲנִי אָקִים	וַיֵּרָא
I will give אֶתֵּן	וְאֶתְּנָה
he took הוּא לָקַח	וְהָיִיתָ
I will give to you אֲנִי אֶתֵּן לְךָ	וּנְתַתִּיךָ
I will be אֲנִי אֶהְיֶה	וַהֲקִמֹתִי
he was seen הוּא נִרְאָה	וְהָיִיתִי
you will be אַתָּה תִּהְיֶה	וּבֵרַכְתִּיהָ
I will bless her אֲנִי אֲבָרֵךְ אוֹתָהּ	וַיִּקַּח

4 בִּלְשׁוֹן הַתּוֹרָה, the ךָ at the end of a word often means שֶׁלְּךָ ("yours").
Draw a line to match the word written in the Torah (right column) with the way we write it today using the word שֶׁלְּךָ (left column).

בִּלְשׁוֹנֵנוּ:	בִּלְשׁוֹן הַתּוֹרָה:
your home הַבַּיִת שֶׁלְּךָ	מְגֻרֶיךָ
your descendents הַזֶּרַע שֶׁלְּךָ	אִשְׁתְּךָ
your living places הַמְּגוּרִים שֶׁלְּךָ	זַרְעֲךָ
your wife הָאִשָּׁה שֶׁלְּךָ	בֵּיתְךָ

I would have liked to ask . . .
I thought that . . .
I would have liked to know . . .
How could it be that . . .
If I were . . .
I was very happy that . . .

you may just send baby pictures), clothes the baby wore that day, synagogue certificates, etc. After sharing these with the class, we will return everything you have sent. Please make sure your name is on everything.

We may also scan your letter and pictures, and make a class book or put it on the school web site. The book will be sent home for a night so that we can all share in our mitzvah and simḥah.

Thank you for your participation.

Sincerely,

Parent signature: _____

Student signature: _____

What do your parents think?

"וְהָיָה לְאוֹת בְּרִית בֵּינִי וּבֵינֵיכֶם." (בראשית יז יא)

"... and it shall be a sign of the covenant between Me and you ..."

(Genesis 17:11)

Dear Parents,

We are learning the last chapter of Parashat Lekh-Lekha.

In this chapter, God reaffirms God's covenant with Avraham and requires that he and his household be circumcised as a sign of the covenant. In addition, God changes Avram's name to Avraham and Sarai's to Sarah.

"Brit Milah" and "Brit Ḥayyim" (Simḥat Bat) are ceremonies welcoming male and female children into the covenant.

We would like you to share with us memories of your child's Brit Ḥayyim (Simḥat Bat or baby-naming) or Brit Milah. Please send us a letter describing the event, whom the baby was named for, any pictures of the event or baby pictures (since some celebrations are held on Shabbat,

Color each פָּסוּק and **draw** a frame around it.

וְאֶעֶשְׂךָ לְגוֹי גָּדוֹל

לְזַרְעֲךָ
אֶתֵּן אֶת־הָאָרֶץ הַזֹּאת

הִתְהַלֵּךְ לְפָנַי וֶהְיֵה תָמִים

וַהֲקִמֹתִי אֶת־בְּרִיתִי
בֵּינִי וּבֵינֶךָ
וּבֵין זַרְעֲךָ אַחֲרֶיךָ
לְדֹרֹתָם לִבְרִית עוֹלָם

וּבֶן־שְׁמֹנַת יָמִים
יִמּוֹל לָכֶם
כָּל־זָכָר לְדֹרֹתֵיכֶם

Write the answer in each box below.
Then **transfer** your answers to the crossword puzzle on page 93.

PUZZLE

Find the missing Hebrew words:

1. אַבְרָם thinks that [＿＿＿＿＿] will inherit him.

2. God makes a [＿＿＿＿＿] with אַבְרָם and his descendents.

3. The brother of אַבְרָם is [＿＿＿＿＿] .

4. God blesses אַבְרָם: "I will make you the father of [＿＿＿＿＿] nations."

5. The בְּרִית between God and אַבְרָם is called [＿＿＿＿＿] בְּרִית.

6. The nephew of אַבְרָם is [＿＿＿＿＿] .

7. The name of the wife of אַבְרָם is [＿＿＿＿＿] .

8. שָׂרַי, אַבְרָם and לוֹט go to אֶרֶץ כְּנַעַן from [＿＿＿＿＿] .

9. The new names of אַבְרָם and of שָׂרַי have the same new letter. That letter is [＿＿＿] .

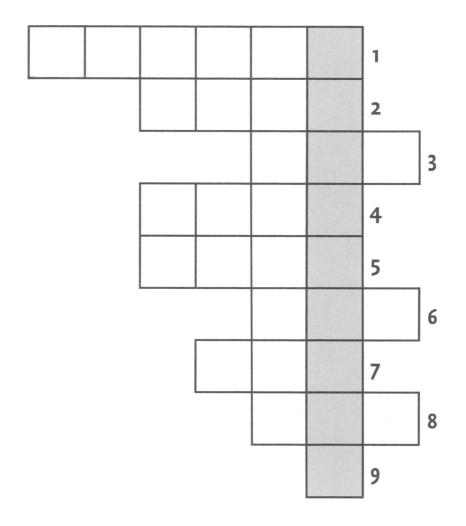

❖ What did you discover in the יָרֹק boxes?

_____